透过文化细节，认识真实中国

MEET CHINA · CHINESE HISTORY

中国的历史

费晟 著

北京语言大学出版社
BEIJING LANGUAGE AND CULTURE
UNIVERSITY PRESS

©2015 北京语言大学出版社，社图号 14355

图书在版编目（ＣＩＰ）数据

中国的历史 / 费晟著 . -- 2 版 . -- 北京：北京语
言大学出版社，2015.3（2022.10重印）

（认识中国）

ISBN 978-7-5619-4079-2

Ⅰ.①中… Ⅱ.①费… Ⅲ.①中国历史 - 青少年读物
Ⅳ.① K209

中国版本图书馆 CIP 数据核字 (2015) 第 050543 号

本书图片主要来自 CFP 汉华易美、fotoe、全景视觉等图片库
本书所涉历史地图审图号： GS(2006)380 号

中国的历史
ZHONGGUO DE LISHI

项目策划：上官雪娜	责任编辑：吴 硕	
装帧设计：鑫联必升文化发展有限公司	责任印制：周 燚	

出版发行：北京语言大学出版社

社　　址：北京市海淀区学院路 15 号，100083
网　　址：www.blcup.com
电子信箱：service@blcup.com
电　　话：编辑部 8610-82303392
　　　　　　发行部 8610-82303650/3591/3648（国内）
　　　　　　　　　　8610-82303365/3080/3668（海外）
　　　　　　读者服务部 8610-82303653
　　　　　　网购咨询　 8610-82303908
印　　刷：天津嘉恒印务有限公司

版　　次：2013 年 2 月第 1 版　　　　印　　次：2022 年 10 月第 2 次印刷
　　　　　2015 年 3 月第 2 版
开　　本：787 毫米 ×1092 毫米 1/16　　印　　张：8
字　　数：98 千字
定　　价：42 元

PRINTED IN CHINA

前言

　　"认识中国"是一套以向青少年介绍中国基本文化主题的系列图文书。第一辑共9本，涉及中国地理、历史、艺术、文学、科技、制度、思想等多个方面。首批图书均为宏观主题，撰写时尽量从青少年认知角度出发，以短小精悍的篇幅勾勒宏大文化脉络，遵循事物逻辑，详述原理推导，注重细节描述，从而实现以小见大的目的。我们反复打磨文字以做到言之有物，精挑细选图片以实现图片认知价值，努力做到知识性与趣味性相结合，期待以用心打造的图文世界为青少年读者们打开一扇认识中国文化的小窗，并真正获得愉悦而美好的阅读体验。

　　《中国的历史》一书，从传说中的"盘古开天地"讲到1949年中华人民共和国成立，从2000多年前《论语》的"仁""礼"之道讲到辛亥革命时孙中山提出的"民族""民权""民生"思想。在这本薄薄的小书里，我们为您甄选了近400张精美的图片，用短短3万字的语言，11个分段落的形式为您搭建起中国悠久的历史框架。我们希望您能在这些精心编织的图文间穿梭，纵横几千年的历史，从中品读出中华文化的独特意蕴。本书设计的历史纪年简表也颇为用心，提供给读者一个清晰而直观的记忆版本。

"认识中国"项目组

中国历史纪年简表

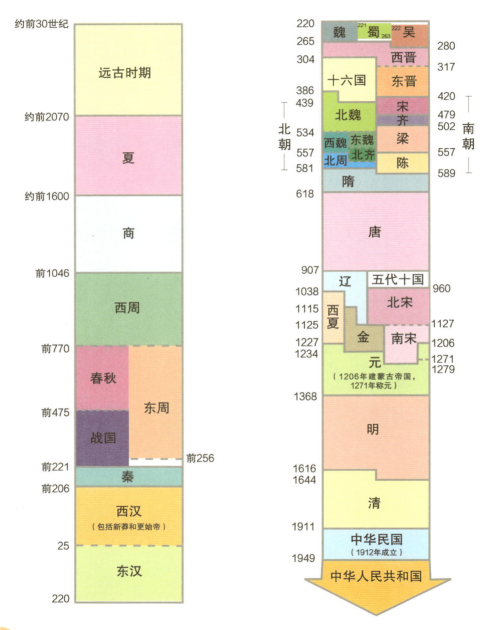

约前30世纪 — 远古时期

约前2070 — 夏

约前1600 — 商

前1046 — 西周

前770 — 春秋 / 东周

前475 — 战国

前256

前221 — 秦

前206 — 西汉（包括新莽和更始帝）

25 — 东汉

220

220 — 魏 / 221 蜀 263 / 222 吴

265 — 西晋 — 280

304 — 十六国 / 东晋 — 317

386 — 北魏 — 439

420 — 宋 / 齐 — 479

北朝

502 — 梁

534 — 西魏 东魏 北齐

557 — 北周 陈 — 557

581 — 隋 — 589

南朝

618 — 唐

907 — 辽 / 五代十国 — 960

1038 — 西夏 / 北宋

1115 — 金 — 1127

1125 — 南宋 — 1206

1227 — 元（1206年建蒙古帝国，1271年称元）— 1271 / 1279

1234

1368 — 明

1616
1644 — 清

1911 — 中华民国（1912年成立）

1949 — 中华人民共和国

II

contents 目录

　　中国是远古人类起源的重要地区，是世界文明古国之一。同世界上许多古老国家一样，中国历史上第一个社会形态是原始社会。随着农业的发展，定居聚落开始一个一个出现，中华文明从起点就体现出典型的农耕文化性质。大量的考古发现证明，中国本土有多个文化源头，而且每个都具有不同的特性。距今四五千年以前，国家的雏形——邦国大量出现，各邦国之间还会结成邦国联盟，这就形成了中华文明的早期形态——邦国都邑文明。关于这一时期，除了有大量考古发现为我们复原当时的情境，还有不少传说一直流传至今。

三才图会·盘古氏　明　佚名绘

　　几乎所有古老的文明都流传着造物主的神话。比如《圣经》里说上帝创造了万物，而亚当与夏娃是人类的祖先。中国古人则相信世界曾经是一团气体，一个叫盘古的英雄用大斧头把它劈开，于是比较轻的气体上升成为天，比较重的气体下沉变为地，盘古死后的身体则化成了日月星辰、山川草木。与西方不同，中国人对历史的认识从神话时代起就很少带有宗教色彩。

　　距今六七千年前，在长江、黄河等多个地区不约而同地出现了成熟的农耕定居聚落，它们就像荒原上点点烛光，逐渐燃起中华文明的火焰。考古发现，黄河流域的仰韶文明时期，已经出现大量精美的彩陶，而东北的辽河地区，红山文化的玉器也雕琢得相当有艺术感染力。

仰韶文化中最典型的人面鱼纹纹饰

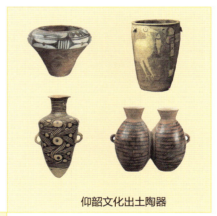

仰韶文化出土陶器

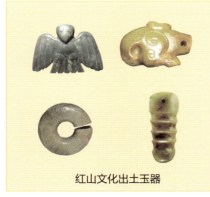

红山文化出土玉器

红山玉龙是中国人龙崇拜的考古证据之一。

炎黄子孙的来历

河南郑州黄河风景区的炎黄巨石像

　　传说在大约5000年前，黄河流域的黄帝族联合炎帝族击败了南方的蚩尤族，二者共同成为黄河流域各部族集团的首领。随着部族进一步融合，以黄帝族和炎帝族为主体的华夏民族逐渐形成，黄帝和炎帝也就顺理成章地成为中华民族的人文始祖，所以中华民族都自称为"炎黄子孙"。

邦国联盟与禅让

在经历了早期部族间的融合后，国家的原始形态——邦国出现了。邦国之间还会结合成邦国联盟，并推选出盟主。尧、舜、禹禅让的传说就发生在这个时期。尧、舜、禹最初都是各自邦国的国君，他们通过禅让的方式陆续成为邦国联盟的盟主。所谓禅让，就是把自己的盟主地位让给推举产生的其他人。尧舜禹之间的禅让实际上体现了当时各个邦国之间实力强弱的变化。

孝行感天　清　王素绘

在这个传说里，舜因为孝顺而感动上天，尧选定舜做他的继承人。

大禹治水

在尧、舜、禹三人中，舜的接班人禹的故事流传最广。与西方文明一样，中国历史也有关于大洪水的记忆，它发生在舜统治的时代。与诺亚方舟不同，舜选择与洪水对抗。他任命自己的部下鲧与鲧的儿子禹去治理水灾。禹用十三年时间疏通了河流，把水引向大海，平息了洪水。禹非常敬业，据说曾经三次路过家门都不进去，甚至错过了孩子的出生。"三过家门而不入"讲的就是禹的故事。

在中国传统观念中，为了理想和事业而奉献自己的人是受到人们尊重的，人们把禹称呼为"大禹"，体现了他作为伟人的地位。

夏禹王像 宋 马麟绘

夏、商、西周是中国整个奴隶社会时期。

　　夏朝（约前2070—前1600）结束了邦国纷争的局面，形成中国历史上第一个"天下共主"的国家：夏王朝直接统治自己的邦国，间接支配属国和其他邦国（称为"方国"），中国王朝政治的历史就从这里开始了。约公元前1600年，夏朝被它的方国"商"所灭，成汤建立了商朝。商朝以成熟的文字体系和灿烂的青铜文化著称于世。约公元前1046年，商朝被它的属国"周"所灭，从那时起到公元前770年，在中国历史上统称为"西周"。西周创立的家国同构的管理制度和丰富复杂的礼乐文明，对中国后世的影响极其深远。

　　夏、商、西周三代共经历了约1300多年，绵延而漫长的历史造就了中华文明独特的民族风格、价值取向和发展道路。

从禅让到世袭

河南偃师二里头遗址，距今超过3500年，相当于历史上的夏商时期。

权力交替的模式从禹开始发生了质的变化，他没有把最高权力交给外人，而是转让给了自己的大儿子启，禅让制从此转变为世袭制。从这时开始，国家的公共事务就成了领袖们的家事。领袖们的长子继承家族首领的地位，同时也就继承了国家的最高统治权，成为"天下共主"，中国历史上从此出现了"国家"的概念。西方教会曾经强调国家是神创建的，启蒙思想家们则说国家来源于社会契约，而古老中国则是由邦国联盟直接演化为奴隶制国家。约公元前2070年，启建立了中国历史上第一个王朝——夏。

　　19世纪末，人们发现了商朝人刻在龟甲和兽骨上的文字——甲骨文。从那时起到现在，已发现甲骨15万余片，甲骨文单字破译了4000多个。甲骨文是一种成熟的文字，它具备多种造字法，记录的内容也很丰富，是世界上最古老的文字之一。作为汉字早期形式的甲骨文，其表意性特点依然保留在今天的汉字里。

河南安阳殷墟甲骨文发掘现场

辉煌的青铜时代

四羊方尊

后母戊大方鼎

商朝的青铜器种类非常丰富，与社会生活息息相关，从劳动工具到生活用品再到乐器、兵器，一应俱全。四羊方尊、后母戊大方鼎等都是商朝青铜铸造工艺的杰作。

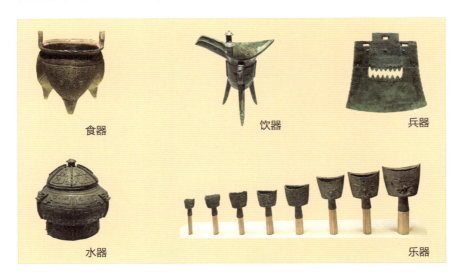

食器　　　饮器　　　兵器

水器　　　乐器

20世纪80年代，三星堆遗址出土，大量青铜艺术品体现了同时期青铜造型的巅峰水平，令人叹为观止。

突目铜面具　　　　青铜鸡　　　　青铜人头像

在青铜器上，我们除了能看到丰富的纹饰，还能看到铸刻的文字。最初只有很少的几个字，一般用来说明器物主人或用途，但发展到西周时期，铸刻的长篇文字最多能达到约497个。这些刻在青铜器上的文字称为金文。

毛公鼎

毛公鼎内部铭文

西周的分封制

　　西周建立在今天的西安一带。为了加强治理，周天子在全国范围内实行大规模的分封。所谓分封，包含"天子建国"与"诸侯立家"两层含义。周天子把天下分成若干个诸侯国，通过封赏的方式让自己的亲戚或有功的大臣们获得地方的治理权；而在诸侯国内，诸侯又将自己的土地根据等级再往下分。这种以血缘关系为纽带的统治方式通过一套精细的礼仪体系得以确立，比1500年后西欧类似的领主制度要复杂得多；但另一方面，它也为日后天下大乱、诸侯割据的局面埋下了伏笔。

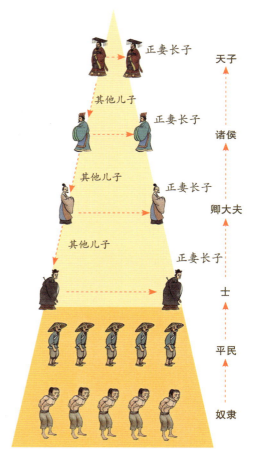

正妻长子　　天子

其他儿子

正妻长子　　诸侯

其他儿子

正妻长子　　卿大夫

其他儿子

正妻长子　　士

平民

奴隶

西周分封制与嫡长子继承制有密切的关系。

陕西扶风县五郡村出土西周中期铜甬钟

　　青铜文化在西周同样很发达，与商朝不同的是，西周的大量乐器和礼器被赋予了礼仪和等级象征。周礼渗透在贵族社会的各个方面，用许多具体的要求和细节来规范人们的行为，在某种意义上具有法的功能。通过这种礼仪体系，西周家国同构的管理制度得到了巩固。在周礼中，礼与乐常常是密不可分的，贵族行礼时，一般会有相应的"乐"配合。西周丰富的礼乐文明对后世影响极其深远，也可以看成中国"礼仪之邦"得名的来源。

《易经》与辩证思想

湖南马王堆三号墓出土《周易》西汉帛书残片

　　《易经》原本是一部用于占卜的书，大概出现在商周年间，所以也称为《周易》。《易经》用一套有象征意义的符号来解释现象，由阴爻（－－）和阳爻（－）两个对立的符号演化出八卦、六十四卦，并用它们来解释宇宙万物。阴阳的观点始终贯穿在《易经》中，体现了中国古人朴素的辩证思想。实际上，中国后世许多哲学思想都能追溯到《易经》这个源头。

N

东周一般分为春秋（前770—前476）和战国（前475—前221）两个时期。春秋战国既是中国古代社会重要的大转型期，也是中国思想文化史上罕见的大繁荣期，很多对后世影响深远的伟大思想家都在这一时期出现，他们的理论奠定了中国哲学思想的基础。在这550年里，各诸侯国虽然战争不断，但却或隐或现地反映着社会历史发展的大趋势：从奴隶社会转向封建社会，从等级分权转向君主专制，从分裂转向统一。从世界范围来看，同一时期，与中国一样，古老文明中的印度、希伯来、希腊等都出现了思想文化的大繁荣，历史学家由此称这一时期为古代文明的"轴心时代"。

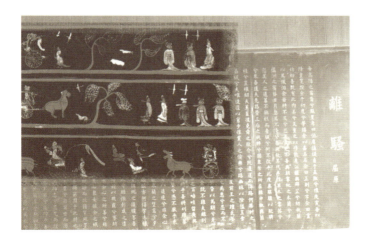

乱世里的兼并与统一

战国七雄：齐、楚、燕、赵、韩、魏、秦。

　　西周灭亡后，周天子把都城向东迁到今天洛阳一带，逐渐失去了对诸侯国的控制，进入了所谓"礼崩乐坏"的年代。那些拥有较强实力的诸侯们开始吞并周围的弱小诸侯。春秋早期，诸侯国仍有140多个，其中14个较强的诸侯形成了互相争霸的局面。经过长期的兼并战争，到战国初年就只剩下七个主要的大国，历史上把它们称为"战国七雄"。公元前230年到公元前221年的十年间，罗马正与迦太基激烈对阵，汉尼拔还在成长为一名伟大的军事家；而在中国，当时最强大的秦国兼并了其余六国，结束了500多年的分裂，实现了统一。秦军的强大在西安秦陵兵马俑留下了惊人的证据。

西周时，土地完全属于周天子，国家管理土地采用的是井田制。土地被切割成方块，形状就像汉字的"井"，周边为私田，中间是公田。农民们除了耕作自己的私田，还要为贵族耕种公田。当然，最重要的是，井田不能买卖和转让。但到春秋时，诸侯贵族不仅开始争夺公田，甚至还把公田变成了私田。井田制由此瓦解，土地逐渐私有化。土地私有化使"地主"开始成为重要的社会阶层。而社会形态也在土地归属的变化中发生了质的变化，即由奴隶制转向封建制。

耕作方式的进步推动了井田制的瓦解。

百家争鸣的时代

　　春秋战国是一个剧烈的社会大变动时期。旧的秩序被打破，西周的礼治失去了约束力，各诸侯国为了提升自己的实力，必须寻找新的治国方案。于是，不同的思想家在各国间奔走，充分地表达自己的观点和看法。这是个"百家争鸣"的时代，这一时期所有的思想家被统称为"诸子百家"。

1 儒家——孔子与孟子

孔子像

孟子像

　　儒家的代表人物是孔子（孔丘）和孟子（孟轲）。他们以"仁"和"礼"为中心，积极对待国家事务与现世生活，激励人们更多地承担责任、改善社会。儒家的创始人孔子也是中国私人教育事业的开创者，据说他曾经教育过几千个学生。他的思想主要集中在《论语》一书里，通过众多学生的记录、宣扬，被传播到很多地方。

孔子讲学图 明 佚名绘

　　两百年后，战国时期的孟子提出"人性本善"的观点，并发展了孔子"仁政"的思想，他的言论主要集中在《孟子》一书中。儒家学说由于被后世统治者奉为权威，成为了中国传统思想的核心要素。

《论语》明刻本

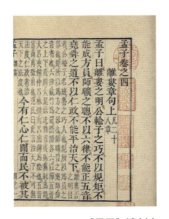

《孟子》清刻本

2 道家——老子与庄子

　　道家的代表人物是老子（李聃）和庄子（庄周）。道家的创始人老子在《道德经》（也称为《老子》）中用"道"解释宇宙万物的演变。所谓"道"，简单讲就是自然界的客观规律。老子认为要从正反两个方面全面看待问题，同时认为在规律面前，人们最好各安其分，不要过分干预人世的事情。

　　庄子善于用富有想象力的语言传达一种独立、自然、自我完善的生活态度。庄子的著作《庄子》不仅是深刻的哲学著作，也是优美的文学作品。

　　老子和庄子所代表的道家思想始终影响着中国后世哲学的发展。

老子像　明　文徵明绘

庄周梦蝶图（局部）　传元刘贯道绘

《道德经》清刻本

墨子救宋（连环画插图） 当代 王叔晖绘

墨子和墨家学派的思想记录在《墨子》一书中，当代人依据其中的故事改编成连环画《墨子救宋》。

墨子（墨翟）是墨家创始人，由于他培养了大批弟子，因此当时的墨家是很有影响力的一个学派。墨子厌恶诸侯之间的非正义战争，希望能建立一个人人平等的社会，这就是墨家思想中"兼爱""非攻"的观点。墨子还主张简朴生活，反对繁重奢侈的礼仪形式。虽然墨家在后世不再作为一个独立学派存在，但它的很多重要观点逐渐融入到儒家和道家的理论体系中，时时闪现着真知灼见。

韩非子像

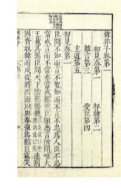

《韩非子》明刻本

天下皆以孝悌忠顺之道为是也，而莫知察孝悌忠顺之道而审行之，是以天下乱。……夫所谓明君者，能畜其臣者也；所谓贤臣者，能明法辟、治官职以戴其君者也。

——《韩非子》

　　韩非子是法家的代表人物，他出生在战国末期，更关注政治和社会制度，他的思想体现在《韩非子》一书中。《韩非子》中最重要的思想是法治，即以法律为主要的社会管理手段，提倡法律面前人人平等。法家思想对后世政治制度的形成有着重要的影响。此外，《韩非子》也是一部出色的文学作品，其中大量寓言故事至今脍炙人口。

孙子像

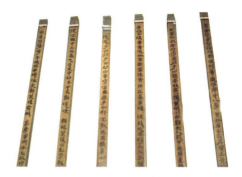

汉代《孙子兵法》竹简

孙子（孙武）出生于春秋末期，他把自己对战争的理解总结为十三篇兵法，深刻论述了战争的意义、目标以及作战的原则，强调战争的最高境界是"不战而屈人之兵"，充满哲理与智慧，后人把它们称为《孙子兵法》。直到今天，《孙子兵法》在军事、政治和商业领域依然有很大的影响力。

兵者，国之大事，死生之地，存亡之道，不可不察也。

—— 《孙子兵法》

《孙子兵法》清刻本

6 诗人屈原

屈子行吟图　1944年　傅抱石绘

汩余若将不及兮，恐年岁之不吾与；朝搴阰之木兰兮，夕揽洲之宿莽；
日月忽其不淹兮，春与秋其代序；惟草木之零落兮，恐美人之迟暮；
不抚壮而弃秽兮，何不改乎此度？乘骐骥以驰骋兮，来吾导夫先路。

——《离骚》

　　屈原是战国时期伟大的诗人。他本是楚国的贵族，因奸臣谗言，被楚王流放到偏远的地方。公元前278年农历五月初五，得知楚国被攻破，屈原投汨罗江自尽。为了纪念屈原，农历五月初五成为中国的传统节日——端午节。

　　屈原开创了楚辞文体，他的代表作《离骚》文采绚烂，充满想象力，被认为是中国文学史上浪漫主义的源头。

秦朝（前221—前206）是中国历史上第一个中央集权封建国家。虽然秦朝只存在了15年，但它开创了君主专制、中央集权、官僚制度三位一体的封建国家政治体制，这种管理国家的体系成为此后历代王朝沿袭的基本模式。

更重要的是，秦始皇大一统理论的实践建构起了统一多民族国家的基本格局，因此，从秦朝开始，渴望国家统一逐渐成为中国人牢固的传统观念。

秦始皇统一中国

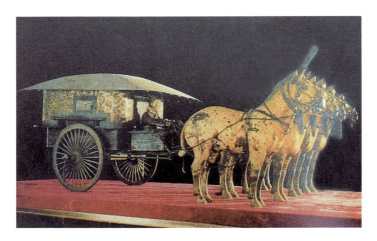

秦始皇兵马俑出土二号铜马车

秦朝统一后，大力兴修驰道并制定道路规范，形成了以咸阳为中心的交通道路体系。对于奔走在路上的车辆也制定了统一要求，两轮之间的距离一律为六尺，史称"车同轨"。

秦朝的疆域东到大海，西到陇西，南到今天越南中部，北到蒙古高原，可以说是当之无愧的庞大帝国。也就是从那时开始，中国形成了以华夏族为主体的多民族共居的统一国家。秦朝的建立者嬴政觉得"王"这个头衔不能体现他的成就，于是自称为皇帝，因为他是中国历史上第一个皇帝，所以被称为秦始皇。皇帝至高无上的地位从秦始皇开始延续了2000多年。

皇帝　　最高统治者

太尉　丞相　御史大夫　　中央政府

郡（守）

县（令）　　地方政府

　　秦始皇在朝廷内部建立了一套庞大的官僚机构，实现了自上而下的逐层管理。鉴于周朝分裂的历史教训，秦朝地方管理的最大特点是采用中央集权的郡县制，地方行政长官大多是根据军功而提拔起来的人才，他们直接受中央管理，血缘不再是分享地方统治权的关键依据。皇帝真正把权力集中到了自己的手上。

大一统理论的实践

　　为了在广阔的疆域内实现更加有效的统治，秦始皇推行了一系列强化统一的措施。

1 推崇法家

　　早在战国时期，秦国就起用商鞅实行了两次变法。商鞅采用法家思想治理国家，对秦国的崛起做出很大的贡献。具有悲剧意味的是，商鞅本人最终被旧贵族迫害，遭到车裂酷刑。不过，商鞅虽然死了，秦法却并没有失败，秦始皇在建立王朝后依然沿用法家思想治国，采用严刑来巩固自己的统治。

秦统一衡器——秦权

秦统一量器——商鞅铜方升

2 统一货币、度量衡

　　秦始皇废除了其他六国的货币，由国家统一铸造法定货币，同时也统一了度量衡，把商鞅制定的度量衡标准推行到全国。货币和度量衡的统一方便了国家的财政管理和各地经济贸易往来，推动了社会经济的发展。

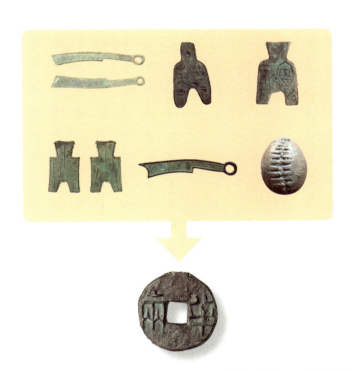

秦统一货币——秦半两钱

3 统一文字

更为重要的是，秦始皇还统一了文字，实行"书同文"，从此中国人都采用同样的书写体系，方便了国家政教的推行和各地文化的交流，对中华民族长期保持文化认同和凝聚力具有持久的影响力。

禾 生 皇 壬 书 生 → 馬 （马）

秦统一文字——小篆

4 焚书坑儒

焚书坑儒 明 佚名绘

为了实行集权专制，秦始皇在全国范围内大规模焚书，除了秦国史、医药、占卜以及农用方面的书以外，其他思想流派的书一律烧毁，许多珍贵典籍从此消失；焚书第二年，秦始皇又把触犯禁令的400多个以儒生为主的士人活埋，历史上称为"坑儒"。焚书坑儒是一种极端的思想统治，春秋战国以来的自由思想精神遭到遏制。

宁夏固原秦古长城遗址

　　对于经历了连年战争的国家，严苛的刑罚、思想的禁锢都在激化着社会矛盾，而最致命的危机来自毫无节制的征调民力。秦始皇是个精力过人的帝王，但同时也是个狂妄而残暴的人。他动用大量百姓为自己修建宫殿和陵园，更调用百万民众将战国时各国的长城连接起来，形成万里长城。万里长城对于农耕地区不受游牧民族的侵犯起到了有效的防御作用，但无节制的民力征调也埋下了帝国毁灭的种子。

秦朝的灭亡

汉殿论功图 明 刘俊绘

汉高祖刘邦于公元前202年建立汉朝，并对
各位功臣进行封赏。

公元前210年，秦始皇在出行途中突然死亡，反对政府的起义立刻
爆发。四年后，秦朝被刘邦和项羽组成的军队推翻，秦朝都城咸阳的宫
殿被烧毁。只存在了15年的秦朝就此灭亡。又过了四年，刘邦击败了曾
经的盟友项羽，建立了汉朝。

汉朝包括西汉（前202-8）和东汉（25-220）两个时期，共400余年。西汉建都长安（今天的西安），东汉建都洛阳。汉朝继承和完善了秦朝的国家管理模式，基本奠定了古代中国辽阔的版图。

儒学在汉朝成为主流意识形态，并逐渐发展成为中华传统文化的核心。生活在汉朝疆域的华夏族群，经过发展和融合，形成了称为"汉族"的民族共同体。与东方的汉朝同一时期，古罗马也发展成为跨欧、亚、非三洲的强大君主专制帝国。

文景之治

瑞世良英·文景之治　明　木刻版画

　　汉朝吸取秦朝灭亡的教训，不再大规模地征调民力，开国后的几位皇帝都采取所谓"休养生息"的国策，让百姓安定地生活。这样的治国政策使社会生产得到了充分的恢复和发展，其中尤以汉文帝、汉景帝两位皇帝功不可没，他们处处提倡节俭，善待百姓。文帝死后的陪葬品极其简单，没有任何金银珠宝，只有一些陶器与瓦器，这在古代帝王中是很罕见的。历史上一般把这两个皇帝统治的时期称为"文景之治"。

汉武帝的统治

公元前141年，帕提亚帝国统治着两河流域，而黄河之畔的汉王朝也迎来了一位著名的统治者——汉武帝刘彻。由于父辈们温和的统治政策，汉朝的国力基本恢复。在这种情况下，汉武帝展开了他的宏伟霸业。

1 儒家学说与"太学"

汉代讲经画砖

在王朝内部，汉武帝彻底废除了汉朝初年有所恢复的分封制。

更重要的是，他进一步废除诸子百家学说，只推崇儒学一家。尽管汉武帝实际上并没有完全采用儒家思想治理天下，但他却建立了以这一思想为核心的统治秩序，并在都城设立"太学"来培养官吏，强化儒学的地位，也由此正式确立了知识精英服务于国家的原则。

2 与匈奴的战争

陕西西安霍去病墓前马踏匈奴像

在对外关系上，汉朝初年，为了与北方强大的少数民族匈奴维持和平，皇帝们将公主嫁给匈奴王单于，这一外交形式称为"和亲"。不过，匈奴并不总是遵守约定，还是经常侵犯边境。汉武帝即位后，决心改变忍

汉朝的画像石上经常出现胡汉交战的场面，所谓"胡"，在古代主要指西北方的少数民族，汉朝时多指匈奴。

让的政策，多次派出最得力的将军卫青和霍去病发动对匈奴的反击，并最终打败了匈奴的主力，迫使他们分裂。其中一部分匈奴人迁到长城以里归顺了汉朝，另一部分则向更远的西方迁移。因此，在汉武帝统治时期，匈奴的威胁基本解除。同时，汉朝疆域也比秦朝时扩大了近一倍。

秦朝疆域图

西汉疆域图

通过对比秦朝时期与西汉时期的疆域图，我们可以看到汉朝疆域比秦朝时扩大了近一倍。

张骞出使西域图（局部）

一般认为这幅敦煌壁画中描绘的是张骞出使西域的场景。

汉武帝还派使节张骞出使西域，也就是今天的新疆与中亚一带，联合当地的势力与匈奴对抗。张骞是一名机智而勇敢的使节，他克服了长途跋涉中的种种困难，先后在公元前138年和公元前119年两次出使中亚，促成这里的国王回访长安，更引发了中国与中亚之间的贸易与物种交流。张骞把胡萝卜、葡萄、胡椒以及良马等物种从西域带回，又把中国的丝绸、冶铁术等带往西域，举世闻名的丝绸之路逐渐形成。

司马迁与《史记》

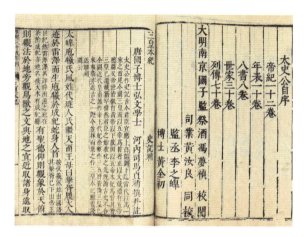

《史记》南京国子监刻本

司马迁是汉武帝的史官，是中国伟大的历史学家。他的作品《史记》不仅强调读史是为了理解社会变迁，更要求人们反思人与人、人与社会乃至人与自然的关系。中国自古就有编修历史的传统，往往是下一朝代为上一朝代修史，而司马迁所开创的纪传体史书体例，一直是后世中国官方修史的范本。

《史记》全书一百三十篇，有十二本纪、三十世家、七十列传、十表、八书，共五十多万字。全书语言生动，对人物刻画细腻、形象，也是一部出色的传记文学著作。

豪族崛起的东汉

从公元9年起，西汉经历了一系列政变。政变平息后，公元25年皇族后裔刘秀把都城向东迁至洛阳，重建政权，历史上称为"东汉"。东汉时豪族势力得到了充分发展，光武帝刘秀本人就出身于豪族。这些豪族以血缘宗族为基础，通过兼并土地，雄霸一方。他们成为未来割据局面出现的社会基础。

画面中用很多空间展现杂技（百戏）场面，可以想象杂技（百戏）应是当时非常流行的娱乐项目。

内蒙古东汉墓室壁画的《宁城图》充分展现了墓主人的重要身份和雄厚实力。

木辂车是当时供贵族和帝王乘坐的一种交通工具，在河北安平东汉墓壁画中，豪族们出行时的车队浩浩荡荡。

山东沂南画像石与河南打虎亭汉墓壁画中都能看到当时豪族们大肆宴饮的场面。

黄巾军与道教

东汉末年，中央政府的治理已经极其混乱，浩大的黄巾军起义爆发。黄巾军的特殊性在于：他们利用道教来组织人马。

道教产生于东汉时期，是真正的中国本土宗教，因为供奉的是老子，所以称为道教。这种宗教敬畏自然，崇尚朴素的生活，并把这种思想与巫术结合起来，赢得了许多底层百姓的支持。道教对中国社会民俗生活的影响始终存在。

黄巾军起义虽然最终被平息了，但东汉中央政府也耗尽了国力。更致命的是，那些围剿黄巾军的将军以及地方行政长官手中掌握了兵权，不再服从中央的命令，军阀混战从此开始。

道教三清像

道教是多神教，神仙种类和数量都很多，道教三清一般被认为是道教最高的神灵。

河南洛阳白马寺

　　东汉时，儒家学说继续兴旺发展，但这并没有妨碍对外来文化的吸收，其中最重要的就是佛教正式传入中国。公元67年，汉明帝派使者前往受到佛教影响的西域搜寻佛教经典，使者将找到的经书用白马驮回了洛阳。洛阳城为远道而来的西域僧侣修建了白马寺，这是中国内陆第一座佛教寺庙。从此以后，佛教常常因为受到帝王的扶植而兴旺发展，有名的寺庙还能得到大量土地与财产。

蔡伦造纸

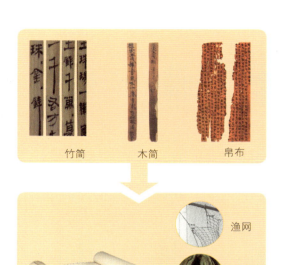

竹简　　木简　　帛布

渔网

破布

树皮

纸

　　纸的发明也出现在东汉时期。在此之前，中国的书写原材料主要是竹、木或帛。竹木都很笨重，而帛布很贵，都不适宜大规模使用和推广。西汉时虽然已经出现了以植物为原材料的纸，但技术还不成熟。东汉官员蔡伦改进了造纸术，利用树皮、破布、破渔网等廉价材料，制造出高质量的纸，并逐渐将它推广开来，成为延续至今最重要的书写材料。后来，造纸术逐渐传到了世界各国，成为推动世界文化发展的重要发明。

　　魏晋南北朝时期包括三国（220—280）、西晋（265—316）、东晋十六国（317—420）、南北朝（420—589）四个历史阶段，共370年。在近四个世纪的时间里，朝代更迭频繁，社会生活动荡不安。这种民不聊生的社会局面对普通民众的确是深重的灾难，但从历史上看，却促成了两个重要的结果：北方各民族的大融合以及南方经济的大开发。

三足鼎立与曹氏父子

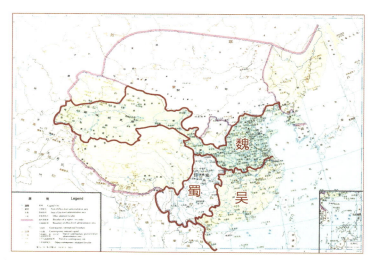

三国时期地图（公元262年）

东汉末年的连年混战从公元189年开始，到公元220年时，中国大地上形成了三个主要的国家：魏国、蜀国与吴国。魏国最强大，它基本继承了东汉的主要管理区域。魏国的奠基人是曹操，一个名副其实的军事家、政治家与文学家。他治理有方，任人唯贤。特别值得一提的是，曹操与两个儿子曹丕与曹植在文学创作上都非常有才华，三曹组成了中国历史上罕见的执政者文学家庭。

刘备与诸葛亮

蜀国的建立者刘备是汉朝皇室后代，最初没有什么实力，无法与曹操抗衡。但刘备善于招揽人才，所以有一批像关羽、张飞这样忠诚的手下为他出生入死，其中最关键的人物是诸葛亮。刘备听说诸葛亮是一个罕见的人才，三次到诸葛亮家拜访，恳求他做自己的军师。诸葛亮被刘备的诚意打动，为刘备分析了当时的局势，预见性地提出了三分天下的发展形势，这就是著名的"隆中对"。"三顾茅庐"也成为与招纳贤才有关的著名典故。

诸葛亮一生都在辅佐刘备及刘备的儿子，并帮助他们在今天中国西南地区的四川一带建立起蜀国。对待人才要以礼相待，对待事业要尽心尽力，刘备与诸葛亮成为后世上下级关系的典范。

三顾草庐图　明　戴进绘

刘备、诸葛亮、关羽、张飞这几个主要人物都在这幅画里出现，呈现出不同的性格。

吴国的努力

龙门古镇在浙江杭州附近，据说这里的村民绝大多数都是孙氏后裔。

　　与蜀国相比，吴国的建立没有太多戏剧性的故事，但对后世却有另一方面的重要影响。东汉末年，孙氏家族在长江中下游一带开发自己的根据地。这里离当时的政治经济中心比较远，因此很落后，但在孙氏家族的经营下，这里逐渐成为富饶的经济区。吴国很少参与中原的混战，却积极向海外拓展，甚至还派军舰到达了今天的台湾岛。在三国时代你死我活的混战中，吴国却为中国东南地区的开发打下了重要的基础。

公元265年，曹氏的魏国政权被司马氏夺走，后者还发动战争消灭了蜀国与吴国，由此历史上迎来了三国后短暂的统一王朝——西晋。西晋虽然统一了中国，但政权并不稳定。而与此同时，自东汉以来就一直在北方蓄积力量的游牧民族壮大起来，并发起了扫荡中原的战争。结果，西晋失去了长江以北的统治权，幸存下来的皇族于公元317年在今天中国东南地区的南京重建政权——东晋。

采摘

牧马

庖厨

娱乐

甘肃嘉峪关魏晋墓室画像砖向我们展现了魏晋时期的世俗生活。

门阀士族与九品中正制

门阀政治是魏晋时期突出的特点。门阀士族的前身是东汉时期的豪门大族，这些豪族不仅雄霸一方，还把儒学作为家学一代代传承下去，逐渐形成以血统和门第为标准的特权阶层——门阀士族。到魏晋时期，这种特权地位更以"九品中正制"的制度被定格下来，官员的选拔实际上是以门第为标准的，且可以世袭，平民出身的人很难获得参与治理国家的机会。

金谷园图 清 华岩绘
画面中心人物石崇是西晋时有名的豪族。

高逸图 唐 孙位绘

《高逸图》是《竹林七贤图》的残卷，画的是魏晋时七个名士，目前画中只剩下四位，从左到右分别为阮籍、刘伶、王戎、山涛。他们有很多奇特的故事。

北魏孝文帝改革

陕西西安出土十六国时期陶俑

　　西晋灭亡后，来到中原的各少数民族先后建立了大小十六个国家。经过100多年的混战，鲜卑族建立的北魏成为十六国的终结者，统一了北方。北魏在孝文帝时期进行了激进的改革。孝文帝对政治结构、经济制度与文化习俗等进行了彻底的改造，比如他要求鲜卑人不穿胡服，改穿汉服，不说鲜卑语，改说汉语。他还尊奉孔子，提倡儒学，甚至连自己家族的姓氏"拓跋"也改成汉姓"元"。一系列改革后，北魏的统治得到了巩固，黄河流域出现了长久以来罕见的稳定繁荣局面。从北魏开始，北方地区连续更替的几个政权（如西魏、东魏、北周、北齐等），历史上统称为"北朝"。

北方民族融合的意义

　　魏晋南北朝时期，统治北方地区的少数民族在很大程度上改造了北方的人口与经济结构。最重要的是，这些游牧民族进入黄河流域，逐渐接受农耕文明的生产和生活法则，并最终融入到中华民族中。有学者统计，魏晋南北朝时期，少数民族融入汉族的总人口达到上千万，其中起关键作用的是孝文帝改革。

　　另一方面，游牧民族的汉化也让汉族吸收了前者的优秀基因，使中华民族变得更有活力。例如北朝时打通的欧亚大陆漫长的物资流通渠道，使得中原汉族甚至接受了来自西亚及地中海文明的人口。时至今日，汉族里有一些人还保留着"慕容"这样的少数民族姓氏，正是汉族带有游牧民族基因的文化证据。

北齐校书图卷（局部）　北齐　杨子华绘（宋摹本）

画中的服饰和用品，处处都体现出汉族与北方少数民族融合的痕迹。

兰亭修禊图卷 明 文徵明绘

东晋书法家王羲之有一幅伟大的书法作品《兰亭集序》。其内容正是画面中展现的情景——王羲之等名士在浙江兰亭修禊。修禊是当时的一种风俗，早春时到水边嬉戏以消除不祥。

　　北方游牧民族大量融入汉族的同时，向南迁徙的移民潮也多次出现在魏晋南北朝时期。北方移民大量涌入南方，不仅充实了南方人口，扩大了耕地面积，也带去了中原先进的生产技术。虽然王朝更迭频繁，但无论是门阀士族统治的东晋还是东晋被灭后由武将统治的南朝，统治者都非常重视当地的经济开发。在前后近四百年的时间里，这种努力使长江中下游的江南经济区基本形成。从此，中国经济中心逐渐向南迁移。

南北朝佛教盛行

山西大同北魏云冈石窟壁画与佛像

　　南朝与北朝的一个共同特点是佛教的大规模发展，并逐渐中国化。由于政权更迭频繁，社会生活动荡不安，因此人们普遍希望能从宗教上寻求心理安慰，这就促成了从宫廷到民间的"佛教热"。一座座寺庙从南到北不断建起，敦煌、云冈、龙门这样的大规模石窟纷纷开凿。它们很多都成为中国重要的文化遗产，一直留存到今天。

　　隋朝（581-618）结束了长期的分裂局面，再建统一的多民族国家。在短暂的38年后，中国历史进入了古代史的鼎盛时期——唐朝。唐朝（618-907）是中国乃至世界文明史上持续时间很长的强盛王朝，政治昌明、经济繁荣、文化灿烂、声威远播。今天世界各地的华人都自称为"唐人"，他们的聚居区被称为"唐人街"，这些都从另一个侧面彰显了唐朝无与伦比的文化感召力。

科举制的出现

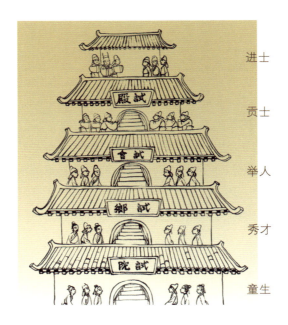

进士

贡士

举人

秀才

童生

殿试

会试

乡试

院试

科举制发展到后世，变得极其完备与严格。

　　隋朝开创者隋文帝杨坚虽然出身贵族，却朴素实干，他把南北方重新统一为一个完整的国家。杨坚的继承人隋炀帝展开了许多影响深远的事业。比如他把隋文帝创立的考试选官发展为科举制度，即国家定期举办考试选拔文官，这彻底颠覆了持续了几百年的官僚家族世袭制。科举制创设了更为理想的人才选拔机制，统治集团的基础稳步扩大，官员素质得到整体的提升。直到20世纪初科举制才被废除，它在很大程度上主宰着中国知识分子的命运。

运河的开通与隋朝的灭亡

　　隋炀帝也是一个好大喜功的君主，修宫殿、建长城、开凿运河、远征高丽，毫无节制地调用民力。为了把南北方经济中心连接起来，隋炀帝调用三百万百姓开凿运河。运河的修建大大便利了中国的南北交通，后来还发展成人类历史上最大的运河系统——京杭大运河。但如此消耗国力的工程，隋炀帝却毫不体恤百姓，他坐着大龙船，带着妃子们沿运河而下，一路吃喝玩乐，数千艘补给物资的船舶和护卫船只跟从，奢侈无度。不满其统治的暴动此起彼伏，最终山西的李氏家族取代了短暂的隋朝，建立起中国古代史上最强盛的王朝——唐朝。

清朝人绘制的画作中反映了隋炀帝坐龙船下江南的情景。

唐太宗与贞观之治

唐太宗像

魏征像

　　唐朝早期的全面盛世与唐太宗李世民是分不开的。李世民不是家中的长子，所以他是通过军事政变夺取的帝位，但历史证明，唐太宗是当之无愧的明君。他进一步发展了科举制度，并通过税收改革缓解了民间的经济压力，整个社会又重新开始良性运转起来。因为唐太宗的年号为"贞观"，历史上便把这一时期称为"贞观之治"。唐太宗能公开听取不同的意见，这在中国专制君主中并不多见。比如他的大臣魏征原本是敌人的部下，在归顺唐朝后仍然常常顶撞皇帝，但只要建议合理，唐太宗都虚心采纳。魏征死后，唐太宗非常伤心，说自己失去了端正言行的一面镜子。

注：年号一般指帝王用于纪年的名号。

文成公主与松赞干布

在与其他民族的关系上，唐太宗对不服从自己的北方少数民族采取适度的军事打击，但总体上他还是希望能和平解决纠纷，所以他被边境少数民族共同拥戴为"天可汗"。由此，唐朝把今天中国的新疆及中亚许多地区纳入管辖范围，并与吐蕃及阿拉伯共同成为中亚的主宰者。为了发展与吐蕃的关系，唐太宗将文成公主嫁给吐蕃君主松赞干布，这成为历史上汉族与藏族友好交往的典范。

步辇图（局部） 唐 阎立本绘

画面反映的是松赞干布迎娶文成公主的历史事件。画中右侧是唐太宗，左侧三人为吐蕃的使臣。《步辇图》是中国十大传世名画之一。

自信而开放的国际大都市

　　由于边境稳定，丝绸之路在唐朝也得到了史无前例的发展。唐朝都城长安成为世界上第一个人口超百万的国际性大都市，这里常年聚居着来自欧亚大陆各地的商人与外交人员。甚至唐朝的官员与将领里也有不少外国人，他们中既有前来学习治国经验的日本人与朝鲜人，也有归顺唐朝的突厥人。唐朝成为中国历史上极少数由汉族建立但却不修长城的王朝，这反映了一种罕见的自信与开放。

客使图　陕西唐李贤墓壁画

画中左边三人为唐朝的官员，右边三位为外国使臣，其中左侧高鼻梁者有人推测为东罗马帝国使臣。

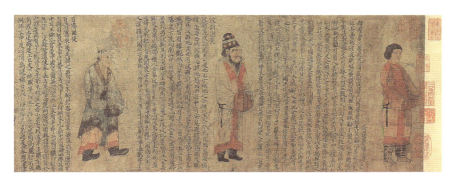

职贡图（局部）南朝 萧绎绘

南朝萧绎所绘的《职贡图》是中国历史上现存最早的职贡图，描绘了三十五匦使者的形象。

便桥会盟图卷（局部）元 陈及之绘

《便桥会盟图卷》展现的是唐太宗与突厥结盟修好的历史事件。画面左侧李世民一人骑马到便桥桥头，右侧拜服在地的是突厥首领颉利可汗。

玄奘西行与伊斯兰教传入

　　唐朝的开放与包容同样体现在宗教与思想领域。唐太宗时，著名高僧玄奘克服路途艰险到达佛教圣地天竺（今天的印度），在那里拜访高僧，研习佛法。返回长安后，唐太宗热情迎接，并专门为他提供翻译经文的场所。玄奘西行对佛教在中国的发展起到了很大的推动作用。玄奘根据旅途见闻写成的《大唐西域记》留下了中亚与南亚古代历史的重要资料，而当时为收藏经文而修建的大雁塔今天依然屹立在西安市中心。

　　实际上，除了佛教，当时还有多种外国宗教传入中国。比如651年，阿拉伯帝国的第一个使节团到长安拜见唐朝皇帝，伊斯兰教在中国的影响逐渐扩大起来。

玄奘取经画（局部）

公元645年，玄奘取经归来，带回大量经书。僧侣与信徒们在寺院前列队迎接。

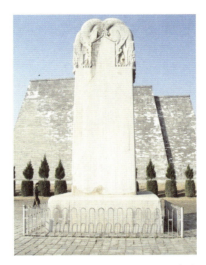

陕西乾陵武则天无字碑

唐朝还出现了中国历史上唯一的女皇帝——武则天。尽管后妃专权在中国历史上并不罕见，但是公开称帝的只有武则天。武则天原本是唐太宗的一个妃子，后来 又成为唐太宗儿子唐高宗的皇后。高宗死后，武则天接管了国家政权，并一度把国号改为"周"，创造了一个汉字"曌（zhào）"作为自己的名字，意思是日月当空照。虽然是一名女性，武则天在治理国家上却丝毫不逊于男性，她延续并扩大了唐太宗开创的盛世。

唐诗的时代

　　武则天的孙子李隆基通过政变夺回了李氏的帝位，这位被称为唐玄宗的皇帝英武风流，才华出众，他创造了唐王朝的鼎盛时期——开元盛世。在唐玄宗统治的前期，政治与经济的发展激发了文化的大繁荣——文学、音乐、绘画无不精彩，最深入人心的莫过于唐诗。诗仙李白、诗圣杜甫都出现在这个时代。事实上，整个唐朝几乎都是诗的时代，王维、孟浩然、白居易、李贺、杜牧、李商隐……虽然生活在不同的历史阶段，但他们都写下了大量脍炙人口的篇章——这些优美的诗句至今仍频繁出现在中国人的课本中，任何一个孩子都可以随口背上几句。

春夜宴桃李园图（局部）明　仇英绘

春天的晚上，李白与其他诗人在桃李园一起饮酒、斗诗。

文苑图 五代 周文矩绘

画作呈现的是几位唐朝有名的诗人围坐于松前，思索诗句的场景，形神兼备，带人入画。

安史之乱后的衰落

不幸的是，这位创造盛世的皇帝也目睹了王朝衰落的开始。公元755年，"安史之乱"爆发，这是少数民族将领安禄山与史思明突然发动的叛乱。

这一看似偶然的事件其实早就存有隐患。一方面，唐朝允许地方行政长官监管军事与民事，这些人的权力很大，一些边境重镇逐渐成为独立王国，如果镇守边境的统帅发动叛乱，中央政权很难防备；另一方面，唐玄宗任用的一些高级官员并不称职，比如唐玄宗最宠爱的贵妃杨玉环的哥哥杨国忠，能力平庸，却占据重要职位，他与安禄山不合，由此激化了矛盾。"安史之乱"爆发后，唐玄宗狼狈地逃出长安，并被迫处死杨贵妃，唐朝的盛世局面从此中断，黄河流域的经济遭到严重破坏。更为严重的是，为了对付叛乱，中央政府进一步准许各地军事首领壮大自己，军阀割据的局面再次出现，唐王朝的衰败也由此一发不可收拾。

兵车行（局部）当代 徐燕孙绘

即将奔赴战场的士兵与家人依依惜别，安史之乱后这种场面更加普遍。

　　宋朝包括北宋（960—1127）和南宋（1127—1279）两个时期，而每个时期又分别有其他民族政权共存：与北宋共存的，主要有东北地区的辽（907—1125）和西北地区的西夏（1038—1227）；与南宋共存的，主要有北方的金（1115-1234）。虽然这一时期总有多个政权同时存在，却并不影响中华文明的进步：对世界产生重要影响的中国四大发明，有三项是宋人完成或广泛应用的——活字印刷术的发明与推广、指南针发明并应用于航海、火药广泛应用于军事领域；同时，宋代的哲学思想也达到了中国古代理论思维的新高度。与两宋同时期的西方世界，正陷入中世纪持续近200年的十字军东征，这场旷日持久的宗教战争增加了不同文明之间的交流，为文艺复兴打下了基础。

北宋、辽、西夏并存

西夏王朝灭亡后留下的历史遗迹很少，这是甘肃榆林窟壁画中的西夏人的形象。

　　唐朝最终被地方军阀夺取了政权，随后中国历史又进入了差不多半个世纪的混战状态，历史上称为"五代十国"。公元960年，一个叫赵匡胤的将领通过政变建立了北宋，定都于距离东汉都城洛阳不远的开封，他就是宋太祖赵匡胤。随后，宋太祖花费了近20年的时间统一了中国大部分地区，并与北方游牧民族契丹人建立的辽国形成对峙。1038年，党项族又在西北地区建立了西夏王朝，并统治这一区域近200年。

　　鉴于唐朝灭亡的教训，宋太祖与他的继承者都比较注意削弱武将的权力，改由文官来管理军队。一系列相关制度的建立虽然保证了中央对军队的控制，但也削弱了北宋军队的战斗力和行政效率，以致在与辽及西夏的对抗中，北宋几乎没有取得过战略性的胜利。1004年，辽军攻打到北宋的澶州，新上任的宰相寇准提议当时的皇帝宋真宗亲征，并在前线击杀了辽军大将，鼓舞了士气。北宋也借此与辽签订了停战协议：每年向辽国赠送白银10万两，绢20万匹，历史上把这一协议称为"澶渊之盟"。澶渊之盟后，北宋获得了相对的和平与稳定。

澶渊之盟

王安石变法

王安石像

　　军事上的被动局面最终刺激了北宋第六位皇帝宋神宗，他任命王安石进行全面改革，以实现富国强兵的目的。公元1068年，王安石在皇帝的支持下开始在官员结构、税收政策、军队管理以及科举制度等方面进行改革，这在历史上称为"王安石变法"。王安石变法前后持续了近十年，但由于操之过急，在强行推进过程中触动了大地主们的利益，不能真正地得到落实，最终以失败告终。王安石本人也被迫隐居，郁郁而终。

岳飞的抵抗

　　长期打压北宋的辽最终被女真人建立的金取代。金灭辽后又俘虏了北宋最后两任皇帝，残存的皇族在南方的杭州重新建立起南宋。在抵抗金国入侵的过程中，南宋出现了名垂青史的军事统帅岳飞。北宋灭亡后，他带领"岳家军"英勇抗击金军，并针对敌人的骑兵部队发明了特殊的砍马蹄战法，一举扭转了宋军面对骑兵束手无策的局面。但是在胜利的背后，岳飞也触犯了宋朝统治者的底线，即武将不得拥兵自重。结果岳飞父子被紧急从前线召回，以"莫须有"的罪名被杀害。直接害死岳飞的奸臣秦桧背上了千古骂名，他与同伙的白铁跪像至今还摆放在杭州的岳飞墓前。

武汉黄鹤楼景区岳飞像

发达的城市经济

虽然宋朝在对外战争中表现软弱，但两宋始终占据着富饶的南方地区，社会经济极为发达，五米多长的《清明上河图》展示了北宋都城开封无比繁荣的景象。这一时期所生产的瓷器，无论从品种数量还是制作工艺上，都远远超过了前朝，还出现了许多有名的制瓷中心，比如江西景德镇，至今仍是有名的瓷都。这些精美的瓷器，通过宋朝发达的海外贸易，销往世界各地。同商业发展相适应，北宋还出现了世界上最早的

北宋交子

清明上河图（局部）宋 张择端绘

纸币——交子。富足的城市经济也丰富了文化生活。"词"成为宋朝最具特色的文学体裁,比如词作者柳永就极受市民欢迎,相传只要有井水的地方,就有柳永的词在传唱。这种长短不一、可以吟唱的文学形式适应了当时城市居民的需求。

宋代五大名窑艺术品

陶冶图 清 唐英绘

汝窑   官窑

定窑   钧窑

哥窑

景德镇原名昌南镇,因在北宋景德年间生产出了优质的青白瓷而出名,从此镇名改为皇帝的年号——景德。从那时起到今天,景德镇一直都是有名的瓷都。

理学与书院的兴起

西园雅集图（局部）宋 马远绘

1086年，苏轼等16位当时有名望的士大夫在驸马王诜的官邸西园集会。苏轼是北宋有名的文学家和书画家。

　　两宋时期，社会相对和平，经济快速发展，思想领域也异常活跃。通过科举制产生的士大夫群体逐渐成为社会政治与思想精英，例如实施变法的王安石，在政治角色之外，也是当时重要的大学者。

　　这些思想家们提出各自的理论和主张，最终，以南宋朱熹为代表的理学体系成为主流学派，被定为官方哲学，影响到未来各个朝代，并传至东亚多个国家。宋朝的学者们不仅从事个人研究，也常常开设书院，培养传人。书院主要是民间组织的教育机构，虽然在唐朝就已经出现，但直到宋朝随着理学的传播才兴盛起来。

白鹿洞书院位于江西庐山，建于公元940年，是中国第一家完备的书院。南宋时期，由于朱熹在此讲学而名声大振。

岳麓书院位于湖南长沙，建于公元976年，1000多年来，历经变迁，今天仍是湖南大学的附属机构，称得上"千年学府"。

司马光与《资治通鉴》

司马光《资治通鉴》手稿（局部）

　　宋朝同时也是史学繁荣的时期，不论是官方还是民间，都非常热衷于历史的编撰，出现了很多史学名著，其中影响最大的是司马光编修的《资治通鉴》。《资治通鉴》是中国第一部编年体通史，以纪事为主，提出了"鉴于往事，有资于治道"的史学理念，这使史学研究前所未有地服务于当世。

活字印刷与《营造法式》

对于中国古代科技而言，宋朝更是一个辉煌时期，各个领域都有突出的成就。印刷工人毕昇发明了胶泥活字印刷术。这种技术利用黏土塑造字模，可以重复使用，大大节约了印刷排版的时间。活字印刷术的发

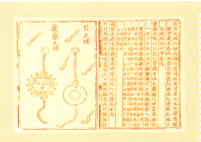

北宋官修军事著作《武经总要》中有火药配方的详细记载。

宋朝发明的指南针，指针浮在水面上，称为指南浮针。

清代金简编撰的《武英殿聚珍版程式》系统总结了活字印刷术的经验和成果。

明对世界文化传播起到了很大的推动作用。建筑师李诫编撰的《营造法式》是一部建筑学巨著，对中式建筑的营造方法进行了详细的分类和描述，是中国古代建筑设计的经典专著。

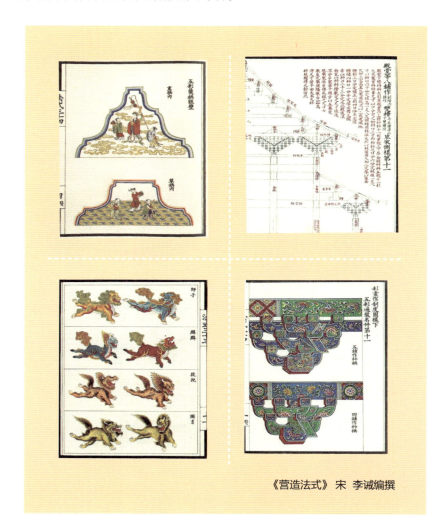

《营造法式》 宋 李诫编撰

　　元朝（1271—1368）结束了近400年多个政权共存的
局面，是蒙古族建立的统一王朝。与魏晋南北朝相似，它是
中国历史上又一次民族大迁徙、大融合时期，中华民族共同
体的成员因为这种融合更加丰富多彩。元朝疆域辽阔，行省
制在全国普遍实施，西藏地区正式纳入中央管辖，对台湾地
区的管理也更为有效。不过，元朝统治者对汉族一直实行歧
视政策，官员腐败问题也非常严重，最终导致王朝存在不到
100年就灭亡了。

成吉思汗与元朝的建立

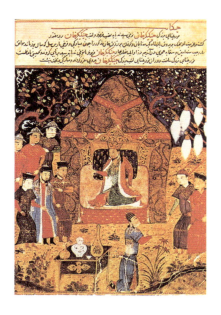

1206年，铁木真在翰难河（今蒙古鄂嫩河）召开忽里台大会，即蒙古大汗位，号成吉思汗，尊为元太祖。

公元1279年，软弱的南宋政权很快就被席卷而来的蒙古大军彻底摧毁。事实上，当时整个欧亚大陆没有任何一个王朝可以抵抗成吉思汗创立的蒙古帝国，南宋只是重复了西夏、阿拉伯、花剌子模等灭亡的命运。成吉思汗的后代忽必烈在消灭南宋前（1271年）建立了元朝，把都城搬迁到大都，也就是今天的北京。黄河流域的大都市西安、洛阳以及开封等从此在中国历史上逐渐边缘化。

1280年元朝疆域图

　　面对广袤的国土，元朝统治者采用行省制进行管理，逐渐把临时性的中央派出机构行中书省（简称行省）定为地方最高行政机构。这一制度的确立是中国古代地方行政制度的重大改革，中国的地方治理从此进入到划省治理的阶段，直到今天。

马可·波罗眼中的东方帝国

公元1275年，意大利人马可·波罗来到大都，他与元世祖忽必烈建立了良好的私人友谊，甚至被委任为地方行政长官。在接下来的17年中，马可·波罗畅游了元朝的许多城市，包括中国东南沿海的一系列港口。回到意大利后，他为欧洲读者留下了一本《东方见闻录》，这本书更为人熟知的名字是《马可·波罗游记》，里面记述了中国无比繁华的景象。对于中世纪的欧洲人而言，书中的中国就像一个遍地黄金的天堂。在某种意义上，这也成为近代欧洲开辟新航路的动力之一。

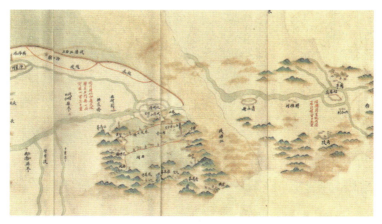

清朝绘制的《京杭运河全图》杭州西湖段

元朝时，大运河从北京到杭州全线通航。《马可·波罗游记》中有大量对杭州美景的描绘，篇幅甚至超过了当时的首都大都。

山西宝宁寺水陆画中出现的元代戏班子。

　　元朝城市经济进一步发展，市民生活活跃，综合性的表演艺术——元杂剧迅速繁荣起来，多位伟大的戏剧作家出现在这个时期，如关汉卿、王实甫等。关汉卿一生创作了60余部戏剧作品，有近20部保留至今，其中最有名的是《窦娥冤》。主角窦娥含冤而死，发出"六月飞雪、大旱三年"的誓言，戏剧场面非常震撼。关汉卿生活在13世纪的元朝，300年后，英国出现了伟大的剧作家莎士比亚。

元朝的灭亡

　　元朝末年，由于民族歧视和官员腐败，社会矛盾一触即发。1351年，黄河泛滥成灾，政府征调民夫治河。传说一个负责挖掘运河的民夫在河道里埋下一个独眼石人，然后告诉所有人如果挖到石人，元朝的天下就会颠覆。结果是可以想象的，挖掘出石人的民夫揭竿而起，掀起了大规模的起义。最终，残余的蒙古族势力退到长城以北，农民起义军领袖朱元璋于1368年建立了明朝。

北京元大都遗址

　　明朝（1368—1644）统治共277年。虽然进一步强化了君主专制统治，但明朝在社会经济方面却实行了很多有利于工商业发展的措施，以至于在16世纪中国出现了从传统社会向近代社会转型的萌芽，在文化方面的表现则是小说、戏剧和说唱艺术等通俗文化的繁荣。1492年，哥伦布率领舰队开始他的航海探险，而在1405年，中国人已经率领比哥伦布的舰队大100倍的旗舰到达了非洲。郑和下西洋是明朝的重要事件，它带来了异质的西方文化，有识之士们对此表现出极为开放的心态。但随着满族入关，改朝换代，历史发展的原有道路停顿，社会转型的萌动也因此推迟。

朱元璋的统治

明太祖朱元璋像

南京故宫遗址

　　朱元璋是出身于社会底层的开国君主，他特别痛恨官员腐败，希望能用严酷的刑罚来巩固自己的统治，登基后借助几桩违法案件屠杀了大批官员。疑心很重的朱元璋还把自己的儿子分封到各地，以便巩固对地方的统治，但这却酝酿了一场同族相争的悲剧。1402年，朱元璋的儿子、驻守在北京的燕王朱棣发动军事叛乱，推翻了朱元璋指定的继承者，夺取皇位，他就是永乐皇帝明成祖。

紫禁城与《永乐大典》

朱元璋最早把明朝都城定在今天的南京，明成祖朱棣为了巩固北部的边防，把都城迁到了北京，由此巩固了北京作为中国政治中心的地位。明成祖是一位有雄才大略的皇帝，自登基后他就开始建造皇宫——紫禁城。紫禁城于1420年建成，在此后的近500年里，明朝和清朝两代共24位皇帝都生活在这里。这座中轴线布局的皇宫齐整、庄严，体现了至高无上的权威，是世界上现存规模最大的木结构古建筑群。明成祖还编纂了一部大型百科全书《永乐大典》，保存了中国14世纪以前包罗万象的文献资料，共22877卷，规模之大，堪称世界之最。遗憾的是，经历过数次战乱，《永乐大典》目前剩下的已经不足800卷。

 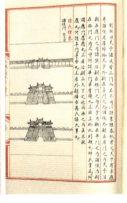 

北京宫城图轴 明 佚名绘　　　　　　　　《永乐大典》影印本

郑和七下西洋

山东滨州太阳岛郑和像

　　作为一个眼光远大的皇帝，明成祖还积极拓展海外影响力，并促成了举世闻名的郑和航海行动。郑和是出生于云南的回族，他出任远洋舰队的总指挥不仅是因为获得了皇帝的信任，也因为他的穆斯林身份——这样更便于同当时许多信奉伊斯兰教的东南亚国家交流。当时中国把南海以西的海洋及沿岸各地，包括印度及非洲东部，都称为"西洋"，因此，郑和的航海举动也就被称为"下西洋"。

与哥伦布相比，郑和的旗舰大100倍，航海时间早87年。从1405年到1433年，郑和七次下西洋，到过亚洲和非洲的三十多个国家和地区，每次都有两万多人随行，开辟了太平洋西部与印度洋的直航航线，扩大了中国同亚非国家的经济与文化交流。郑和本人病逝于印度西海岸，把自己的一生都献给了航海事业。

郑和下西洋宝船复原模型

郑和航海图（局部）

航线开通的意义

画中上面三位分别为传教士利玛窦（左）、传教士汤若望
（中）、传教士南怀仁（右），他们带来了西方的科学知识。

　　由于郑和的努力，明朝与海外的交流大大加强，由此也对中国历史的发展产生了不小的影响。到明朝中后期，哥伦布由美洲带回欧洲的一些作物，如玉米、马铃薯、红薯、烟草、西红柿以及辣椒等，通过郑和开辟的航线，也逐渐传入中国。

更重要的是，新航路开辟后，葡萄牙人、西班牙人、荷兰人以及英国人于16世纪相继由海路来到中国，其中除了商人和武装殖民者，还有带来西方科学知识的天主教传教士们，如意大利传教士利玛窦，他在北京传播天文、数学等科学知识，并被授予官职，死后也葬在了北京。

徐光启像

《几何原本》明刻本

利玛窦像

坤舆万国全图　明　利玛窦绘

利玛窦绘制的《坤舆万国全图》影响了中国人对世界的认识；他还与中国科学家徐光启共同翻译了欧几里得的《几何原本》。

资本主义的萌芽

　　明朝不仅海外贸易兴盛，国内经济同样也很发达。大量地域性手工业中心形成，例如景德镇的制瓷工人在当时就达到了数万人；全国性的商业网络建立起来，出现了徽商、晋商等著名的商人集团；商品种类更多，城市兴起，苏州、杭州、天津等都是当时有名的大型商业都市。

　　繁荣的商品经济，在明朝后期催生了资本主义的萌芽。这其实并不难想象，拥有数万工人的景德镇，怎么可能仅靠小规模雇佣来实现大规模生产呢？不过，这种具有资本主义经营方式的雇佣关系并不具有改变社会性质的作用，自然经济在中国依然占据主导地位。

清明上河图（局部）明 仇英绘

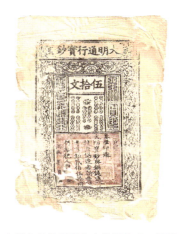

大明宝钞是明朝官方发行的唯一纸币。

南都繁会图（局部）明 佚名绘

皇都积胜图卷（局部）明 佚名绘

《皇都积胜图卷》《南都繁会图》《清明上河图》分别展现了明朝三个经济繁荣的城市——京城北京、明朝开国都城南京以及江南名城苏州。

古典小说兴盛

牡丹亭 明刻本

　　明朝的诗词水平已经远远不能与唐宋相比，但随着城市的发展，市民阶层逐渐扩大，小说的艺术水平大大提高。中国四大古典小说中，除了清朝曹雪芹的《红楼梦》，《水浒传》《三国演义》和《西游记》都出现在明朝。明朝戏剧方面的成就虽然不如元朝，但却出现了杰出的剧作家汤显祖，他的《牡丹亭》成为中国戏剧史上的经典作品。

满族兴起与明朝灭亡

抗倭图卷（局部） 明 仇英绘

凭借将领戚继光的军事力量，明朝最终平息了东南沿海的海患。

　　明朝时，东南沿海的海盗不断骚扰当地百姓，明朝政府长期无能为力，最后凭借将领戚继光自己组建的军事力量才获得了决定性胜利。然而，东南沿海的海患虽然平息了，北方的边患却始终得不到解决，因此明朝两百多年间几乎没有停止过修建长城。今天人们游览的大多数长城遗址都是明朝修建的。当蒙古族的势力逐渐得到遏制时，复兴的女真人又造成了毁灭性的危机，不过这时他们已称为满族。

长城图长卷（局部） 明 佚名绘

从图中可以看到，明朝长城内外都设有驻军的城堡，但明朝北方的边
患却始终没有解决。

　　17世纪中期，英国正在酝酿革命，查理一世将被送上断头台，而满
族则在努尔哈赤父子的统领下向明朝发起致命的攻击。1636年，努尔哈
赤的继承者皇太极把国号改为"清"，明朝已处在风雨飘摇之中。1644
年，农民起义军攻进北京，崇祯皇帝自杀，明王朝的历史就此终结。

　　清朝（1644—1911）是中国封建社会最后一个王朝。1644年，满清进入山海关，迅速占领北京，将地方民族政权变成了统治全中国的清王朝。清朝统治共268年，以1840年鸦片战争为界分为前后两个时期。清朝前期一度出现空前繁荣，由众多民族组成的统一多民族国家版图辽阔、经济繁荣，综合国力位居当时世界前列。但18世纪中叶以后，欧美资本主义国家强势崛起，古老中国却依旧闭关自守，陷入不断被侵略和压迫的时代。1840年也是中国近代史的开端。

统一多民族国家的管理

京师生春诗意图 清 徐扬绘

300多年前的紫禁城如在眼前，基本形成了今天故宫的规模。

    清朝统治者为了巩固政权，选择了迅速汉化的方式，它继承了汉族王朝确立的诸多制度。北京再次被定为都城，而明朝皇室留下的紫禁城进一步扩建，仍作为清朝的皇宫。另外，在取代明朝之前，清朝就与蒙古族势力达成了联姻合作关系，因此清朝也不再大规模修筑长城。但清朝政府依然不敢轻视边疆的局势，根据各个地区各个民族的特点，分别建立不同的行政机构进行管理。同时，清政府也很重视地方宗教，例如从清朝开始，中央政府就对藏传佛教领袖达赖和班禅进行册封，这一制度今天依然实行。

郑成功收复台湾

郑成功像

　　清朝初年，中国南部的抗清运动并未停息，其中最具传奇色彩的是郑成功。郑成功一直反抗清政府，并组建了一支庞大的海上舰队，多次发动对清朝的攻击，直到1660年，清军才取得了战略上的优势。1661年，郑成功为建立新的基地，打退了占据台湾的荷兰殖民者，收复台湾。似乎是命中注定，郑成功出生于台湾被荷兰人侵占的1624年，而在收复台湾的当年便与世长辞，一生与台湾结下不解之缘。1683年，清政府从郑氏家族手中收回台湾，并建起地方行政机构台湾府。

康乾盛世

乾隆皇帝像

　　清朝在康熙、雍正及乾隆三代皇帝的统治下走向了繁盛的顶峰，历史上称为"康乾盛世"。康熙与乾隆各自执政60年以上，中国社会趋于稳定和发展。由于新作物的推广和边疆开发，中国的人口总量激增到惊人的2亿，中国的国民生产总值更是占据当时世界总量的近三分之一。

康熙南巡图（局部）·清　王翚等绘

帝国强大的背后也积累起专横与骄傲的情绪。康乾时代，科举制进一步发展为死记硬背的考试，"文字狱"则比任何一个朝代都更为严重。统治者为了控制人们的思想，挑出言论中的只言片语，从中编造各种罪证对当事人加以惩罚，这就是文字狱。清朝文字狱使大批知识分子遭到迫害，纷纷远离政治、逃避现实，扼杀了早期启蒙思想的发展。

南山集偶钞 清 戴名世著

闭关锁国

　　更为严重的是，当清朝统治者们把自己当成世界中心时，西方的产业革命却使生产力以前所未有的速度发展起来。人类已经进入了蒸汽时代，而清朝统治者却对这个世界性、历史性的大变动表现出无知与抗拒。1793年英国使臣马嘎尔尼访问中国，他展示了英国工业革命的初步成果，但乾隆皇帝不屑一顾，他认为中国足够富足强大，完全可以自给自足。而后继的清朝皇帝们也都同样狭隘封闭，直到1840年英国人用大炮轰开了中国的大门。

清朝的皇帝们最关心农业状况，因为这是国家财政的主要来源。

这种被称为"大蒸汽马"的蒸汽机车是工业革命的"动力"。

林则徐虎门销烟的画面。

鸦片战争以前，英国主要向中国输出纺织品和棉花，从中国输入丝绸、茶叶和瓷器等，在对中国的贸易中始终入大于出。为了赚取高额利润，英国向中国输出了鸦片。这种使人上瘾的毒品在中国产生了严重的社会危机。

1838年，林则徐奉命到广州禁烟，并在虎门销毁大量鸦片，发起反抗殖民主义的斗争，英国政府却借此向中国宣战。1840年6月，英国舰队封锁了广东江面和海口，鸦片战争爆发。1856年至1860年，英法两国又联合制造了第二次鸦片战争。

不断被侵略的时代

19世纪英国人绘制的炮打广州画面

　　从鸦片战争开始，到1911年辛亥革命前的72年里，中国历史被一系列不平等条约贯穿。鸦片战争后的第一个不平等条约是1842年的《南京条约》，除了支付大量战争赔款，香港的主权也转让给英国。此后，《天津条约》《北京条约》《马关条约》《辛丑条约》等一个个不平等条约使西方国家一步步控制了中国的大量领土，中国逐渐沦为半殖民地半封建社会。

1842年8月29日，中英代表在英航"康华利"号上签署《南京条约》。

李鸿章像　　　　　　　张之洞像　　　　　　　曾国藩像

　　面对积弱积贫的局面，有识之士也在寻找着强国的方案，洋务运动就是这样一场自救运动。曾国藩、李鸿章、张之洞等洋务派提出"中学为体，西学为用"的主张，他们编练新式军队、兴办现代工厂和交通实业、开办新式学校，并派出多批学生出国留学。遗憾的是，由于在1895年的甲午战争中，北洋舰队全军覆灭，洋务运动也就此宣告破产。洋务运动在一定程度上刺激了新的生产方式的出现，开阔了人们的视野，也为中国发展储备了一批科技人才，是近代历史上一次图强立新的尝试。

中国人装配的第一台火车头。

金陵机器制造局制造的炮弹。

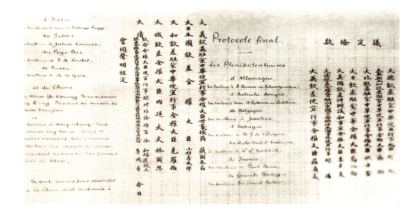

《辛丑条约》中英对照本

1900年，八国联军入侵，清政府与11个国家签订了《辛丑条约》，中国陷入了半殖民地的深渊，清朝的统治奄奄一息，民族危机空前严重。1905年，中国近代重要的革命先行者孙中山在日本组建同盟会，提出了"民族""民权""民生"的三民主义思想，并把建立民主共和国作为建国理想。

1911年，当清政府准备将铁路修筑权转让给其他国家时，各地保路运动风起云涌。同年10月10日，武昌起义爆发，接着，十多个省宣布独立。1912年1月1日，孙中山在南京就任中华民国临时大总统，建立共和政体。2月21日，清宣统皇帝退位，中国最后一个封建王朝就此终结。

由于1911年是中国农历的辛亥年，因此这次革命被称为"辛亥革命"。辛亥革命终结了中国2000多年的封建专制统治，并建立了共和政体，这是中国几千年历史上从未有过的创举。

人民英雄纪念碑上武昌起义的浮雕

1911年至1949年的30多年里，为了民族独立、人民解放和国家富强，中华民族进行了艰苦卓绝的抗争。

1937年日本发动侵华战争，1945年这场战争以日本的投降而告终。1945年9月9日在南京举行中国战区日本投降签字仪式，冈村宁次在投降书上签字。

1949年，中华人民共和国成立。中国的历史翻开了新的一页。

1949年10月1日，毛泽东主席在天安门城楼上宣布——中华人民共和国成立了！

关键词索引

透过文化细节，认识真实中国